中國書店藏珍貴古籍叢刊

北魏·酈道元 撰

水經注

中國書店

據中國書店藏明嘉靖十三年黄省曾刻本影印原書版框高二十點三厘米寬十六厘米

刻水經序

吳郡黃省曾撰

敘曰水之爲德大矣哉道生天一職統材五發始西極産毋隅也折赴東墟趨子方也瀐涌昭化妙之初質流瀾符於穆之神用厚氣肇之升盛露雨由之感澤象曜資之光朗玄黃本之浮載穹灝倚之配密雲漢會之紀戒圖書託之與瑞祇軸寄之融絡是以寓目者嘆其渾逝臨淵者頌其靈長且兆類非此無以脈阜萬里非此無以準平醴饔非此無以烹饍而育年壤壚非此無以灌漑而興穀法其形勢而樹都廟因其隔限而分州域軸轤與而窮遐互通堤鑿成而塉瘠咸利鍾滙之區則珠玉以登枯絶之野則林壑

王良智刊

不毛函夏泰和則皇波達貫坦平國紀封原劃畫則百川斷裂洋然險防況其精通天步體轄人事海安而知內寧河清而期聖出徙焉卜廢竭以表亡則代運之隆衰而姓庶之災吉亦可觀也但卑赴其常決疏爲順平成之績粲在夏書其宣導也必探夫源首其排入也必極夫歸納以奠以敷號名俱炳厥後九丘不傳四嶽埋緼周官存藪浸之畧爾雅開崐崘之端若司馬遷之載河渠庚仲雍之筆江記偏係一方匪兼八表況王澤寖消地象俱廢樂廣闢者湮其溝洫便私謀者壅其湍泉公家釃激巨右改張是以啓塞靡恒陵谷皆變洪鉅者失其包帶微纖者亂其營緯紜紜沌沌莫之質竟也巳故漢之桑欽特創此作

追法貢體録爲新經羅併四際總勒一典凡所引天下之水百三十有七苟非經流不在記註之限錯陳舊纂以備叅鈎派盡條科以磬脉衍務討異竒同蔚宗之旨趣嚴標郡縣肖班固之鋪設是乃曠絕之觚翰也然規綱則舉解節未彰迨於後魏酈道元因景純之濫觴足君長之簡逸以博洽之弘襟擅圖輿之顓學隨經抒述掇籍弘鋪剖說十倍於前文揮述半陟其躬履或衆援以明訛或極辨而較是或裒逖以昭邇或廓無而續有故凡過歷之臯維夾並之坻岸環間之亭郵跨俯之城陸鎮被之巖嶺迴注之溪谷瀕枕之鄉聚聳映之臺館建樹之碑碣沉淪之基落靡不旁萃曲收左摭右採豈曰桑欽之詁釋實所以

粉飾漏闕銓次疆隅乃相濟而爲編者也省曾又覽古山海經十八卷亦宇中之通撰也一則主於叙山而水歸詳綴一則專於紀水而山頗寓列蓋山者水之根底水者山之委枝故談伊洛者必連熊外語漆沮者遂及荆岐亦自然之偶屬而不可判離者也故併合以傳庶好古之賢無稡輯之煩勤爾客謂二經所記於今矛盾矣其將捨旃可乎予解之曰子何榆枋之安而蟪蛄之拘也其伯益之覽疏猶之炎農之辨味也桑酈之括纂猶之姒禹之告成也今卉藥非簠簋之稽案咸賦豈驕華之志掌亦將擯本草以詭誕斥禹貢之遠濶可乎況山殊稱目而盤峙之形不眩焉水異分合而就下之情不惑焉粤遡往牒則遠

方圖物夏鼎之鑄象也聶耳雕題湯令之備獻也白民黑齒成王之作會也出受八千管仲之蒐揚也殘遺秦柱蕭何之顯布也獵廣窮長王充之嗜信也以至孔疏據之以釋經漢志録之而麗史齊澄演之而聚書唐典繫之而建部守節屢登於正義應麟冨戢於地鈔江淹補之而不能吉甫刪之而頓蹟古人崇好文獻足徵苟欲指核希怪狀寫物靈暢探荒極理驗遷圯裁量利害差剖離翕鑒度率畛宅定中外作起民緒咨諏帝采則二經者亦寰內不刊之珍典也

嘉靖甲午春三月十日

水經目錄

水經目録終

水經卷第一

漢桑欽撰　　後魏酈道元注

河水一

崑崙墟在西北

三成爲崑崙丘崑崙說曰崑崙之山三級下曰樊桐一名板松二曰玄圃一名閬風上曰層城一名天庭是謂太帝之居

去嵩高五萬里地之中也

禹本紀與此同高誘稱河出崑山伏流地中萬三千里禹導而通之出積石山按山海經自崑崙至積石一千七百四十里自積石出隴西郡至洛準地志可五千餘里又按穆天子傳天子自崑山入

于宗周萬里西土之數自宗周瀍水以西北至于河宗之邦陽紆之山三千有四百里自陽紆西至河首四千里合七千四百里外國圖又云從大晋國正西七萬里得崑崙之墟諸仙居之數說不同道峘且長逕記綿褫水陸路殊徑復不同淺見末聞非所詳究不能不聊述聞見以誌差違也

其高萬一千里

山海經稱方八百里高萬仞郭景純以爲自上二千五百餘里淮南子稱高萬一千一百里一十四步二尺六寸

河水

春秋說題辭曰河之爲言荷也荷精分布懷陰引

度也釋名曰河下也隨地下處而通流也考異郵曰河者水之氣四瀆之精也所以流化元命苞曰五行始焉萬物之所由生元氣之腠液也管子曰水者地之血氣筋脉之通流者故曰水其具財也而水最爲大水有大小有遠近水出山而流入海者命曰經水引他水入於大水及海者命曰枝水出於地溝流於大水及於海者又命曰川水也莊子曰秋水時至百川灌河經流之大孝經援神契曰河者水之伯上應天漢新論曰四瀆之源河最高而長從高注下水流激浚故其流急徐幹齊都賦曰川瀆則洪河洋洋發源崑崙九流分遊北朝滄淵驚波沛厲望沫揚奔風俗通曰江淮河濟爲四瀆瀆通也所以通中國垢濁白虎通曰其德著大故稱瀆釋名四瀆獨也出其所而入海

出其東北陬

山海經曰崑崙墟在西北河水出其東北隅爾雅曰色白所渠并千七百一川色黃物理論曰河色黃者衆川之流蓋濁之也百里一小曲千里一曲一直矣漢大司馬張仲議曰河水濁清澄一石水六斗泥而民競引河溉田令河不通利至三月桃花水至則河決以其噎不洩也禁民勿復引河是黃河兼濁河之名矣述征記曰盟津河津恒濁方江爲狹比淮濟爲闊寒則冰厚數丈冰始合車馬不敢過要須狐行云此物善聽冰下無水乃過人

見狐行方渡余按風俗通云里語稱狐欲渡河無
如尾何且狐性多疑故俗有狐疑之說亦未必一
如緣生之言也

屈從其東南流入于渤海

山海經曰南即從極之淵也一曰中極之淵深三
百仞唯馮夷都焉括地圖曰馮夷恒乘雲車駕二
龍河水又出於陽紆陵門之山而注於馮逸之山
穆天子傳曰天子西征至陽紆之山河伯馮夷之
所居地也是惟河宗氏天子乃沈珪璧禮焉河伯
乃與天子披圖視典以觀天子之寶器玉果璿珠
燭銀金膏等物皆河圖所載河伯以禮穆王視圖
方乃導以西邁矣粤在伏羲受龍馬圖於河八卦
是也故命歷序曰河圖帝王之階圖載江河山川
州界之分野後堯壇於河受龍圖作握河記逮虞
舜夏商咸亦受焉李尤盟津銘洋洋河水朝宗于
海徑自中州龍圖所在淮南子曰昔禹治洪水具
禱陽紆蓋於此也高誘以爲陽紆秦藪非也釋氏
西域志曰阿耨達太山其上有大淵水宮殿樓觀
甚大焉山即崑崙山也穆天子傳曰天子升崑崙
封隆之葬封隆雷公也雷電龍即阿耨達宮也其
山出六大水山西有大水名新頭河郭義恭廣志
曰甘水也在西域之東名曰新陶水山在天竺國
西水甘故曰甘水有石鹽白如水精大段則破而
用之康泰曰安息月支天竺至加那調御皆仰此

監釋法顯曰度葱嶺已入北天竺境於此順嶺西南行十五日其道艱阻崖險岸絕其山唯石壁立千仞臨之目眩欲進則投足無所下有水名新頭河昔人有鑿石通路施倚梯者凡度七百梯已躡懸絙過河河兩岸相去減八十步九驛所絕漢之張騫甘英皆不至也余診諸史傳即所謂罽賓之境有盤石之隥道狹尺餘行者騎步相持絙橋相引二十許里方到懸渡阻險危害不可勝言郭義恭曰烏秅之西有懸渡之國山谿不通引繩而渡故國得其名也其人山居佃于石壁間累石爲室民接手而飲所謂猨飲也有白羊小步馬有驢無牛是其懸渡乎釋法顯又言渡河便到烏長國烏

長國即是北天竺佛所到國也佛遺跡於此其跡長短在人心念至今猶爾及曬衣石尚在新頭河又西南流屈而東南流逕中天竺國兩岸平地有國名毗荼佛法興盛有逕蒲那般河邊左右有二十僧伽藍此水逕流逕歷頭羅國而下合新頭河自河已西天竺諸國自是以南皆爲中國人民殷富中國者服食與中國同故名之爲國也泥洹已來聖衆所行威儀法則相承不絕自新頭河至南天竺國迄于南海四萬里也釋氏西域記曰新頭河經罽賓犍越摩訶剌諸國而入南海是也阿耨達山西南有水名遙奴山西南小東有水名薩罕小東有水名恒伽此三水同出一山俱入恒水康

泰扶南傳曰恒水之源乃極西北出崑崙山中有
五大源諸水分流皆由此五大源枝扈黎大江出
山西北流東南注大海枝扈黎即恒水也故釋氏
西域志有恒曲之目恒北有四國最西頭恒曲中
者是也有拘夷那褐國法顯傳曰恒水東南流逕
拘夷那褐國南城北雙林間有希連禪河邊世尊
於此北首般泥洹分舍利處支僧載外國事曰佛
泥洹後天人以新白緤裹佛以香花供養滿七日
盛以金棺送出王宮渡一小水水名醯蘭那去王
宮可三里許在宮北以旃木爲薪天人各以火燒
薪薪了不燃大迦葉從流沙還不勝悲號感動天
地從是之後他薪不燒而自燃也王斂舍利用金

作斗量得八斛四斗諸國王天龍神王各得少許
齎還本國以造佛寺阿育王起浮屠於佛泥洹處
雙樹及塔今無復有也此樹名娑羅樹其樹華名
娑羅法也此華色白如霜雪香無比也竺枝扶南
記曰林楊國去金陳國步道二千里車馬行無水
道舉國事佛有一道人命過燒葬燒之數千束樵
故坐火中乃更著石室中從來六十餘年尸如故
不朽竺枝自見之夫金剛常住是明示存舍利利
見畢天不朽所謂智空罔窮大覺難測者矣其水
亂流於恒恒水又東逕毗舍利城北釋氏西域志
曰毗舍利維邪離國也支僧載外國事曰維邪離
國去王舍城五千由旬城周圓三由旬維詰家在

大城裏宮之南去宮七里許屋宇壞盡惟見處所爾釋法顯云城北有大林重閣佛在於此本奄婆羅女家施佛起塔也城之西北三里塔名放弓仗恒水下流有一國王國王小夫人生肉胎大夫人妬之言汝之生不祥之徵即盛以木函擲恒水中下流有國遊觀見水上木函開看見千小兒端正殊好王取養之遂長大甚勇健所往征伐無不摧服次欲伐父王本國王大憂愁小夫人問何故憂愁王曰彼國王有千子勇健無比欲來伐吾國是以愁爾小夫人言勿愁但於城西作高樓賊來時上我置樓上則我能卻之王如是言賊到小夫人於樓上語賊云汝是我子何故反作逆事賊曰汝

是何人云是我母小夫人曰汝等若不信者盡張口仰向小夫人即兩手將乳乳作五百道俱墜千子口中賊知是母即放弓仗父母作是思惟皆得辟支佛今一一塔猶在後尊成道告諸弟子是吾昔時放弓仗處後人得知於此處立塔故以名焉言千小兒者即賢劫千佛也釋氏西域志曰恒曲中次東有申迦扇奈揭城也佛下三寶階國也法顯傳曰恒水東南流逕僧迦施國南佛自忉利天東下三道寶階為母說法處寶階既沒阿育王於寶階處作塔後作石柱柱上作師子像外道少信師子為吼怖效心誠恒水又東逕罽賓繞夷城南南接恒水城之西北六七里恒水北岸佛為諸子

說法處恒水又東南逕祇國北出涉祇城南門道東佛嚼楊刺土中生長七尺不增不減今猶尚在恒水又東南逕迦維羅衛城北故曰淨王宮也城東五十里有王國國有池水夫人入池洗浴出北岸二十步東向舉手扳樹生太子隨地行七步二龍吐水浴太子遂成井池衆僧所汲養也太子與難陀等撲象角力射箭入地今有泉水行旅所資飲也釋氏西域北三里恒水上父王迎佛處作浮圖作佛抱佛像外國事曰迦維羅越國今無復王也城池荒穢惟有空處有優婆塞姓釋可二十餘家是昔淨王之苗裔故爲四姓住在故城中爲優婆塞故尚精進猶有古風彼日浮圖壞盡條王彌

更脩治一浮圖私訶條王送物助成今有十二道人住中太子始生時妙后所扳樹樹名須阿育王以青石作后像扳生太子像昔樹無復有後諸沙門取昔樹栽種之展轉相承到今樹枝如昔尚蔭石像又太子見行七步足跡今日文理見存阿育王以青石挾足跡兩邊復以一長青石覆上國人今日恒以香花供養尚見足七形文理分明今雖有石覆無異或人復以數重古具重覆帖著石上逾更明也太子生時以龍王夾太子左右吐水浴太子見一龍吐水煖一龍吐水冷遂成二池今尚一冷一煖矣太子未出家前十日出住王田閻浮樹下坐樹神以七寶奉太子太子不受於是思惟

欲出家也王曰去宮一據據左一據據右晉言十里也太子以三月十五日夜出家四天王來迎各捧馬足爾時諸神天人側塞空中散天香花此時以至河南摩强水即於此水邊作沙門河南摩强水在迦維羅越北相去十由旬此水在羅閱祇瓶沙國相去三十由旬菩薩於是暫過瓶沙王出見菩薩菩薩於瓶沙隨樓那果園中住一日日暮便去半達鉢愁宿半達晉言白也鉢愁晉言山也白山北去瓶沙國十里明旦便去暮宿曇蘭山去白山六由旬於是逕詣貝多樹貝多樹貝多閱祇北去曇蘭山二十里太子年二十九出家三十五得道此言與經異故記所不同竺法維曰迦衛國佛

所生天竺國也三千日月萬二千天地之中央也康泰扶南傳曰昔范旃時有嘾楊國人家翔梨嘗從其本國到天竺展轉流賈至扶南爲旃說天竺土俗道法流通金寶委積山川饒沃恣所欲左右大國世尊重之旃問之今去何時可到幾年可迴梨言天竺去此可三萬餘里往還可三年踰及行四年方返以爲天竺之中也恒水又東逕藍莫塔邊有池池中龍守護之阿育王欲破塔作八萬四千塔悟龍王所供知非世遂空荒無人羣象以鼻取水洒地若蒼梧會稽象耕鳥耘矣恒水又東西五河口蓋五水所會非所詳矣阿難從摩竭國向毗舍離欲般泥洹天告阿闍世王王追至河上毗

舍利諸梨車聞阿難來亦復來迎俱到河上阿難
思惟前則阿闍世王致恨卻則梨車復怨即於中
河入火光三昧燒具兩般泥洹身二分分各在一
岸二王各持半舍利還起二塔渡河南下一由延
到摩竭提國巴連佛邑即是阿育王所治之城城
中宮殿皆起墻闕雕文刻鏤累大石作山山下作
石室長三丈廣二丈高丈餘有大乘婆羅門子名
羅狀私婆亦名丈殊師利住此城裏爽悟多智事
無不達以自居國王宗敬師事之賴此一人弘宣
佛法外不能陵凡諸中國惟此城爲大民人富盛
競行仁義阿育王壞七塔作八萬四千塔最初作
大塔在城南三里餘此塔前有佛跡起精舍北戶

向塔南有石柱大四五圍高三丈餘上有銘題云
阿育王以閻浮提布施四方僧還以錢贖塔北三
百步阿育王於此作泥梨城梨城中有石柱亦高
三丈餘上有師子柱有銘記曰作泥梨城因緣及
年數日月恒水東又南逕小孤石山頭有石室石
室南向佛昔坐中天帝釋以四十二事問佛佛以
三指畫跡故在洹水又西逕王舍新城是阿闍世
王造出城南四里入谷至五山裏五山周圍狀若
城郭即是萍沙王舊城也東西五六里南北七八
里阿闍世王欲始害佛處其城空荒又無人徑入
谷博山東南上十五里到耆闍崛山未至頂三里
有石窟南向佛坐禪處西北四十步復有一石窟

阿難坐禪處天魔波旬化作鵰鷲恐阿難佛以神
力隔石摩阿難肩怖心鳥跡及孔悉存故曰鵰鷲
窟也其山峯秀端嚴是五山之最高也釋氏西域
記云耆闍崛山在阿耨達王舍城東北西望其山
有坐梵天來諸佛處四天王捧鉢處皆立塔外國
事曰毗婆梨佛在此一樹下六年長者女以金鉢
盛乳糜上佛佛得乳糜住足連河浴浴竟於邊噉
糜竟擲鉢水中逆流百步鉢没河中迦梨郊龍王
接取在宮供養先三佛鉢亦見佛於河傍坐摩訶
菩提樹摩訶菩提樹去貝多樹二里於此樹下七
日思惟道成魔兵試佛釋氏西域記曰尼連水南
流恒水水西有佛樹佛於此苦行日食糜六年西

去城五里許樹東河上即佛入水浴處東上岸尼
衢立樹下坐脩舍女上糜於此於是西渡水於六
年樹南貝多樹不坐降魔得佛也佛圖調曰佛樹
中枯其來時更生枝葉竺法維曰六年樹去佛樹
五里書其異也法顯從此東南行還巳連佛邑順
恒水西下得一精舍名曠野佛所住處復順恒水
西下到尸迦國波羅奈城竺法維曰波羅奈國在
迦維羅衛國南千二百里中間有恒水東南流佛
轉法輪處在國北二十里樹名春浮維摩所處也
法顯曰城之東北十里許即鹿野苑本辟支佛住
此常有野鹿故以名焉法顯從此還居連邑又順
恒水東東行其南岸有瞻婆大國釋氏西域記曰

恒曲次東有瞻婆國城南有一佉下蘭池池水恒在其佛不說戒處也恒水又逕波麗國即是佛外祖兩峯雙立相去二三里中道鷲鳥常居其嶺土人號曰耆闍崛山山名闍耆鷲也又竺法維云胡語羅閱祇國有靈鷲山胡語云耆闍崛山山是青青石頭似鷲鳥阿育王使人鑿石假安兩翼兩脚鑿治其身今見存遠望似鷲鳥形故曰靈鷲山也數說不同遠邇亦異今以法顯親宿其山首楞亭香花供養聞見之宗也又西逕迦那城南三十里到佛苦行六年其樹處有林西三里到佛入水洗浴天王案樹枝得扳出池處又北行二里得彌家女奉佛乳糜處從此行二里佛於一大樹下石上東向坐食糜處樹石悉在廣長六赤高減二尺國中寒暑均調樹木或數千歲乃至萬歲從此東北行二十里到一石窟菩薩入中西向結跏坐心念若我成道當有神驗石壁上即有佛影現長三尺今猶明亮時天地大動諸天在空言此非過去當來諸佛成道處去此西南行減半由旬貝多樹下是過去當來諸佛成道處諸天導引菩薩起行離樹三十步天授吉祥草菩薩受之復行十五步五百青雀飛來繞菩薩三匝西去菩薩前到貝多樹下敷吉祥草東向西坐時魔遣三王女從北來試菩薩魔手自從南來菩薩以足指按地魔兵卻散三女變爲老姥不自服佛於拘律樹下方石上東

向國也法顯曰恒水又東到多摩梨帝國即是海口也釋氏西域記曰大秦一名梨帝康泰扶南傳曰從加那調洲西南入大灣可七八百里乃到枝扈黎大江口渡江徑西行極大秦也又云發拘利口入大灣中正西北入可一年餘得天竺江口名恒水江口有國號擔袂屬天竺遣黃門字興為擔袂王釋氏西域記曰恒水東流入東海蓋二水所注兩海所納自為東西也釋氏論佛圖調列山海經曰西海之南流沙之濵赤水之後黑水之前有大山名崑崙又曰鍾山西六百里有崑崙山所出五水粗以佛圖調傳也又近推得康泰扶南傳傳崑崙山正與調合如傳自交州至天竺最近泰傳

亦知阿耨達山是崑崙山釋云賴得調傳豁然為解乃宣為西域圖以語法狀法狀以常見怪謂漢來諸名人不應何在敦煌南數千里而不知崑崙所在也釋云復書曰按穆天子傳穆王於崑崙側瑤池上觴西王母云去宗周瀍澗萬有一千一百里何得不如調言子今見泰傳非為前人不知也而今以後乃知崑崙山為無熱丘何云乃胡國外乎余考釋氏之言未為佳證穆天子竹書及山海經皆埋縕歲久編韋稀絕書策落次難以緝綴後人假合多差遠意至欲訪地脉川不與經符驗程準途故自無會釋氏不復根其鄰歸之鴻致陳其細趣以辯非非所安也今按山海經曰崑崙墟在

西北帝之下都崑崙之墟方八百里高萬仞山有木禾面有九井以玉爲檻面有五門門有開明獸守之百神之所在郭璞曰此自別有小崑崙也又按淮南之書崑崙之上有木禾珠樹玉樹瓊樹不死樹沙棠琅玕在其東絳樹在其南碧樹在其北傍有四百四十門門間四里里間九純文五尺傍有九井玉橫維其西北隅開以內不周之風傾宮掖室懸圃閬風樊桐在崑崙閶闔之中是其疏圃之池浸之黃水黃水三周復其源是謂甘水飲之不死河水出其東北陬赤水出其東南陬洋水出其西北陬凡此四水帝之神泉以和百藥以潤萬物崑崙之丘或上倍之是謂涼風之山而不死或

上倍之是謂玄圃之山登之乃靈能使風雨或止倍之乃推上天登之乃神是謂太帝之居禹乃以息土填鴻水以爲名山掘崑崙以爲下地高誘曰地或作池山海經曰不周之山不周之北門以納不周之風則以髣髴近浮圖調之說阿耨達六水葱嶺于闐二水之限與經史諸書全相乖異又按十三洲說崑崙山也在海之北海之玄地去岸十三萬里有弱水周匝繞山東南接積石固西北之室東北臨大活之井西南近承淵之谷此四角大山寔崑崙之支輔也積石固南頭昔西王母告周穆王去咸陽三十六萬里山高平地三萬六千里上有三角面方長萬里形如覆盆上有金臺玉闕

亦元氣之所合天帝君所治處也考東方朔之言
及經五萬里之文難言浮圖調康泰之是矣六合
之內水澤之藏大非爲巨小非爲細存非爲有隱
非爲無其所苞者廣矣於中同名異域稱謂相亂
亦不爲寡至如東海方丈亦有崑崙[illegible]稱西洲銅
柱又有九府之治東方朔十洲記曰方丈在東海
中央東西南北岸相去正等方丈面各五千里上
專是羣聚有金玉琉璃之宮三天司命所治處羣
仙不欲升天者皆往來上廣故曰崑崙山有三角
其一角正干北辰星之燿名閬風巔其一角正西
名曰玄圃臺其一角正東名曰崑崙宮其處有積
金爲天墉城面方千里城上安金臺五所玉樓十

二其北戶出承淵山又有墉城金臺玉樓相似如
一淵精之闕光碧之堂瓊華之室紫翠丹房景燭
曰暉朱霞九光西王母之所治眞官仙靈之所宗
上通旋機元氣布五常玉衡理順九天而調陰陽
品物羣生奇特皆出在於此天人濟濟不可具記
張華敘東方朔神異經曰崑崙有銅柱焉其高入
天所謂天柱也圍三千里員如削下有回屋仙人
九府治上有大鳥名曰希有南向張左翼覆東王
公右翼覆西王母背上小處無羽一萬九千里西
王母歲登翼上之東王公也故其柱銘曰崑崙銅
柱其高入天員周如削膚體美焉其鳥銘曰有鳥
希有碌赤煌煌不鳴不食東覆東王公西覆西王

毋王毋欲東登之自通陰陽相須唯會益工通甲開山圖曰五龍見教天皇被跡望在無外柱州崑崙山上榮氏法云五龍治在五方爲行神五龍降天皇兄弟十二人分五方爲十二部法五龍之跡行無爲之化天下仙聖治在柱州崑崙山上無外之山在崑崙東南一萬二千里五龍天皇皆出此中爲十二時神也山經曰崑崙之丘實惟帝之下都其神陸吾是司天之九部及帝之囿時然六合之內其苞遠矣幽致冲妙難本以晴萬像遐淵渾思絕根尋自不登兩龍於雲轍騁八駿於龜途等軒轅之訪百靈方大禹之集會計儒墨之說孰使辯哉

又出海外南至積石山下有石門河水冒以西南流

山海經曰河水出勃海又海水西北入禹所道積石山山在隴西郡河關縣西南羌中余考羣書咸言河出崑崙重源潛發淪于蒲昌出于海水故洛書曰河自崑崙出於重野謂此矣逕積石而爲中國河故成公子安大河賦曰覽百川之弘壯莫尚美於黃河潛崑崙之峻極出積石之嵯峨釋氏西域傳曰河自蒲昌潛行地下南出積石而經文在此似如不比積石宜在蒲昌海下矣

水經卷第一

水經卷第二

漢桑欽撰　後魏酈道元注

河水二

河水又南入葱嶺山

河水重源有三非爲二也一源西出身毒之國葱嶺之上西去休循二百餘里皆故塞種也南屬葱嶺高千里西河舊事曰葱嶺在敦煌西八千里其山高大上生葱故曰葱嶺也河源潛發其嶺分爲二水一水西逕休循國南在葱嶺西郭義恭廣志曰休循國居葱嶺其山多大葱又逕難兜國北北接休循西南去罽賓國三百四十里

河水又西逕罽賓國北

月氏之破塞王南君罽賓治循鮮城土城平和無所不有金銀珍寶異畜奇物踰於中下大國也山嶮有大頭痛小頭痛之山赤土身熱之坂人畜同然

河水又西逕月氏國南

治監氏城其俗與安息同匈奴冒頓單于破月氏殺其王以頭爲飲器國遂分遠過大宛西居大夏爲大月氏其餘小衆不能去者共保南山羌中號小月氏故有大月氏小月氏之名也

又西逕安息南

城臨嬀水地方千里大國者有商賈車船行旁國空湏菩提置鉢在金机上佛一足跡與鉢共在一

處國王臣民悉持梵香七寶璧玉供養塔跡佛牙袈裟頂相舍利悉在佛樓沙國釋氏西域記曰揵陀越王城西北有鉢吐羅越城佛袈裟王城也東有寺重復尋川水西北十里有河步羅龍淵佛到上浣衣處浣石尚存其水至安息注雷翥海又曰揵陀越西西海中有安息國竺芝扶南記曰安息國去私訶條國二萬里國土臨海上即漢書天竺安息國也戶近百萬最大國也漢書西域傳又云犂軒條支臨西海長老傳聞條支有弱水西王母亦未嘗見自條支乘水西行可月餘日近可十日日所入也或河水所通西海矣故凉土異物志曰葱嶺之水分流東西西入大海東爲河源禹記所

云崑崙者焉張騫使大宛而窮河源謂極於此而不達於崑崙者也河水自葱嶺分源東逕伽舍羅國釋氏西域記曰有國名伽舍羅逝此國狹小而總萬國之要道無不由城南有水東北流出羅逝西出山即葱嶺也逕岐沙谷出谷分爲二水一水東流逕無雷國北治盧城俗與其西夜子合同又東流逕依耐國北去無雷五百四十里俗同子合河又東逕滿犂國北治滿梨各北去疏勒五百五十里俗與子合同

爲書記也

河水與蜺羅跂禘水同注雷翥海

釋氏西域傳曰蜺羅跂禘出阿耨達山西之北逕

于闐國漢書西域傳曰于闐以西水皆西流注于
西海

又西逕四大塔北

釋法顯所謂糺尸羅國漢言截頭也佛爲菩薩時
以頭施人故因名國國東有投身飼餓虎處皆起
塔

又西逕陁衛國北

是阿育王子法益所治邑佛爲菩薩時亦於此國
以眼施人其處亦起大塔又有佛樓沙國天帝釋
變爲牧牛小兒聚土爲佛塔法王因而成大塔所
謂四大塔也法顯傳曰國有佛鉢月氏王大興兵
衆來伐此國欲持鉢去置鉢象上象不能進更作

四輪車載鉢八象共牽復不進王知緣於是起塔
留鉢供養鉢容二斗雜色而黑多四際分明厚可
二分甚光澤貧人以少華投中便滿富人以多華
供養正復百千萬斛終亦不滿佛圖曰佛鉢青玉
也受三斗許彼國寶之供養時願終日香華不滿
則如言願一把滿則亦便如言又按道人竺法維
所說佛鉢在大月支國起浮圖高三十丈七層鉢
處第二層金絡絡鏁懸鉢鉢是青石或云懸鉢虛

河水又東逕皮山國北

治皮山之城西北去莎車三百八十里

其一源出于闐國南山北流與葱嶺河合東注蒲昌
海河水又東與于闐河合南源導于闐南山俗謂

之仇摩置自置北流逕于闐國西治西域上多玉石西去皮山三百八十里東去陽關五千餘里釋法顯自烏帝西南行路中無人民沙行艱難所逕之苦人理莫比在道一月五日得達于闐其國殷庶民篤信多大乘學威儀齊整器鉢無聲南城一十五里有利刹寺中有石鞾石上有足跡彼俗言是辟支佛跡法顯所不傳疑非佛跡也

又西北流注于河

即經所謂北注葱嶺河也

南河又東逕于闐北

釋氏西域記曰河水東流三千里至于闐屈東北流者也漢書西域傳曰于闐已東水皆東流

南河又東北逕扜彌國北

治扜彌城西去于闐三百九十里南河又東逕精絕國北西去行彌四百六十里

南河又東逕且末國北

又東右會阿耨達大水釋氏西域記曰阿耨達山西北有大水北流注牢蘭海者也其水北流逕且末南山又北逕且末城西治且末城西通精絕二千里東去鄯鄯七百二十里種五穀兵俗略與漢同又曰且末河東北流逕且末北又流而左會南河會流東逝通爲注濱河注濱河又東逕鄯鄯國北治伊循城故樓蘭之地也樓蘭至不恭於漢元鳳四年霍光遣平樂監傅介子刺殺之更立後王

漢又立其前王質子尉屠耆爲王更名其國爲鄯鄯百官祖道橫門其自請天子身在漢久恐爲前王子所害國有伊循城土地肥美願屯田積粟令得依重遂置田以鎮之敦煌索勱字彦義有才略刺史毛奕表行二師將軍酒泉敦煌兵千人至樓蘭屯田起白屋召鄯鄯焉耆龜茲三國兵各千橫斷注濱河河斷之日水奮勢激波陵冒堤勱厲聲曰王尊建節河堤不溢王霸精誠呼沱不流水德明古今一也勱躬禱祀水猶未減乃列陣被仗鼓譟讙叫且刺且射大戰三日水乃迴減灌浸沃行胡人稱神大田三年積粟百萬威服外國其水東注澤澤在樓蘭國北行泥城其俗謂之東故城去陽

關千三百里西北烏壘千七百五十里至墨山國一千三百六十里西北去車師千八百九十里土地沙鹵少田仰穀傍國出玉多檉柳胡桐白草國在東垂當白龍堆乏水草常主發道負水擔糧迎送漢使故彼俗謂是海爲牢蘭海也釋氏西域記曰南河自于闐東於北三千里至鄯鄯入牢蘭海者也北河自岐沙東分南河即釋氏西域記所謂二支北流逕屈茨烏夷禪善入牢蘭海者也

北河又東北流分爲二水枝流出焉北河自踈勒逕流南河之北

漢書釋氏西域傳曰葱嶺以東南北有山相距千餘里東西六千里河出其中暨于溫宿之南左合

枝水上承北河于疏勒之東西北流逕疏勒國南又東北與疏勒北山水合水出北谿東南流逕疏勒城下東去莎車五百六十里有市列當大月氏大宛康居道釋氏西域記曰國有佛浴牀赤真檀木作之方四尺王於宮中供養漢永平十八年耿恭以戊巳校尉爲匈奴左鹿蠡王所逼恭以此城側澗傍水自金蒲遷居此城匈奴又來攻之壅絶澗水恭於城中穿井深一十五丈不得水吏士渴乏笮馬糞汁飲之恭乃仰天歎曰昔貳師拔佩刀刺山飛泉湧出今漢德神明豈有窮哉整衣服向井再拜爲吏士禱之有頃水泉奔出衆稱萬歲乃揚水以示之虜以爲神遂即引去後車師叛與匈

奴攻恭食盡窮困乃煑鎧弩食其筋革恭與士同死生咸無二心圍恭不能下關寵上書求救建初元年明帝納司徒鮑昱之言遣兵救之至柳中以校尉關寵分兵入高昌壁攻交河城車師降遣恭軍吏范羌將兵二千人迎恭遇大雪丈餘僅能至城中夜聞兵馬大恐羌遥呼曰我范羌也城中皆稱萬歲開門相持涕泣尚有二十六人衣屨穿決形容枯槁相依而還

北河又東逕莎車國南

治莎車城西南治去蒲黎一百四十里漢武帝開西城田於此有鐵山出青玉

北河之東南逕温宿國

治温城土地物類與鄯鄯同北至烏孫赤谷六百
一十里東通姑墨二百七十里於此枝河右入北
河

北河又東逕姑墨國南

入姑墨川水注之導姑墨西北赤沙山東南流逕
姑墨國西治南至于闐馬行十五日土出銅及雌
黃其水又東南流右注北北河又東逕龜茲國南
又東左合龜茲川水有二源西源出北大山南釋
氏西域記曰屈茨北二百里有山夜則火光晝日
但煙人取此山石炭冶此山鐵恒充三十六國用
故郭義恭廣志龜茲能鑄冶其水南流逕赤沙山
釋氏西域記曰國北四十里山上有寺名雀離大
清淨又出山東南流枝水左派焉又東南水流三
分右二水俱東南流注北河又東川水龜茲東北
赤以積梨南流枝水右出西南入龜茲城音屈茨
也故延城矣西去姑墨六百七十里川水又東南
流逕于輪臺之東也昔漢武帝初通西域置校尉
屯田於此搜粟都尉桑弘羊奏言故輪臺以東廣
饒水草有溉田五千頃以上其處温和田美可益
通溝渠種五穀收穫與中國同時匈奴弱不敢近
西於是徙莎車相去千餘里即是臺也其水又東
南流右會西川枝水水有二源俱受西川東流逕
龜茲城南合為一水水間有故城蓋屯校所守也
其水東南注東川東川水又東南逕烏壘國南治

烏壘城西去龜茲三百五十里東去玉門陽關二千七百四十八里與渠犂田官相近土地肥饒於西域爲中故都護治漢使持節鄭吉并護北道故號都護都護之起自吉置也其水又東南注大河大河又東右會敦薨之水其水出焉耆之北敦薨之山在匈奴之西烏孫之東山海經曰敦薨之水出焉而西流注于泑澤出于崑崙之東北隅實惟河源者也二源俱道西源東流分爲二水西南流出於焉耆之西經流焉耆之野屈南東南流注于敦薨之渚右水東南流又分爲二左右焉耆之國城居四水之中在河水之洲治員渠城西去烏壘三百里南會兩水同注敦薨之浦東源東南流水

爲二水但澗瀾雙引洪湍濬發俱東南流逕出焉耆之東導于危須城西國治危須城西去焉耆百里又東南流注于敦薨之藪川流所積渾水斯漲溢海爲海史記曰焉耆近海多魚鳥東北隔大山與車師接敦薨之水自西海逕尉黎國國治尉黎域西去都護所治三百里北去焉耆百里其水又西出沙山鐵關谷又西南流連城別注裂以爲田桑弘羊曰臣愚以爲連城以西可遣屯田以威西國即此處也其水又屈而南逕渠黎國西故史記曰西有大河即斯水也又東南流逕渠黎國治渠黎城曰北去烏壘三百四十里漢武帝通西域屯渠黎即此處也南與精絶接東北與尉梨接又南流注

于河山海經曰敦薨之水西流注于泑澤蓋亂河
流自西南注也河水又東逕墨山國南治墨山城
西至尉犁二百四十里
河水又東逕注賓城南又東逕樓蘭城南而東注
蓋發田士所屯故城禪國名耳
河水又東注于泑澤
即經所謂蒲昌海也水積鄯鄯之東北龍城之西
南龍城故姜賴之虛胡之大國也蒲海溢盪覆其
國城基尚存而至元晨發西門暮達東門澮其岸
岸餘溜風吹稍城龍形皆西面向海因名龍城地
廣千里皆爲監而剛堅也行人所逕畜產皆布氈
卧之掘發其下有大監方如巨枕以次相累類霧

氣雲浮寡見星日少禽多鬼怪西接鄯鄯東連三
沙爲海之北隘矣故蒲昌亦有監澤之稱也山海
經曰不周之山北望諸毗之山臨彼岳崇之山東
望泑澤河水之所潛也其源渾渾泡泡者也東去
玉門陽關一千三百里廣輪四百里其水澄渟冬
夏不減其中洄湍電轉爲隱淪之脉當濩流之上
飛禽奮翮於霄中者無不墜於淵波矣卽河水之
所潛而出於積石也
又東入塞過敦煌酒泉張掖郡南
河自蒲昌有隱淪之證並間關入塞之始自此經
當求實致也河水重源又發于西塞之外出於積
石之山山海經曰積石之山其下有石門河水冒

以西南流注是山也萬物無不有禹貢所謂導河自積石也山在西羌之中燒當所居也延熹二年西羌燒當犯塞護羌校尉段熲討之追出塞至積石山斬首而還司馬彪曰西羌者自析支以西濱河首在右居也河水屈而東北流逕於析支之地是爲河曲矣應劭曰禹貢析支屬雍州在河關之西東去河關千餘里羌人所居謂之河曲羌也東北逕歷敦煌酒泉張掖南應劭地理風俗記曰敦煌酒泉其水甘若酒味故也張掖言張國臂掖以威羌狄說文曰郡制天子地方千里分爲百縣縣有四郡故春秋傳曰上大夫縣下大夫郡至秦始置三十六郡以監縣矣邑君聲釋名郡群也人而

群聚也黃義仲十三州記曰郡之言君也改公侯之封而言君者至尊也郡守專權君臣之禮彌崇今郡字君在其左邑在其右君爲元首邑以載民故取名於君謂之郡漢官曰秦用李斯議分天下爲三十六郡凡郡或以列國陳魯齊吳是也或以舊邑長沙丹陽是也或以山陵太山山陽是也或以川原西河河東是也或以所出金城城下得金酒泉泉味如酒豫章樟樹生庭鴈門鴈之所育是也或以號令禹合諸侯大計東治之山會計國名會稽是也河逕其南而纏絡遠矣

河水又自東河曲逕西海郡南

漢平帝時王莽秉政欲耀威德以服遠方諷羌獻

西海之地置西海郡而築五縣焉周海亭燧相望莽篡政紛亂郡亦棄廢

河水又東逕允川而歷大榆小榆谷北羌迷唐鍾存所居也永元元年貫友代聶尚爲護羌校尉攻迷唐斬獲八百餘級收其熟麥數萬斛於逢留河上築城以盛麥且作大船於河狹作橋渡兵迷唐遂遠依河曲永元元年迷唐復與鍾存東寇而還十年謁者王信耿譚西擊迷唐降之詔聽大小榆迷唐種人許漢造河橋兵來無時知地不可居復叛居河曲與羌爲讎種人與官兵擊之允川去迷唐數十里營止遣輕兵挑戰因引還迷唐追之至營因戰迷唐敗走於是西海及大小榆

無復聚落隃麋相曹鳳上言建武以來西戎數犯法常從燒當發所以然者以其居大小榆谷土地肥美又近塞與諸種相傍南得鍾存以廣其衆北阻大河因以爲固又有西海魚鹽之利濵出沿河以廣田畜故能強大常諸羌今黨援沮壞親屬離叛其餘勝兵不過數百宜此時建復西海郡縣規固二榆廣設屯田鬲塞羌胡交關之路殖穀富邊省輸轉之役上拜鳳爲金城西部都尉遂開田二十七部浹河與建威相首尾後羌反遂罷按段國沙州記吐谷渾於河上作橋謂之河厲長一百五十步兩岸累石作基陛節節相次大木從橫更鎮壓兩邊俱來相去三丈並大材以板橫次之施句

欄甚嚴飾橋在清水川東也

又東過隴西河關縣北洮水從東南來流注之

河水右逕沙州北段國曰澆河西南一百七十里有黃沙沙南北一百二十里西七十里西極大楊川望黃沙猶若人委干糒於地都不生草木蕩然黃沙周迴數百里沙州於是取號焉地理志曰漢宣帝神爵二年置河關縣蓋取河之關塞也風俗通曰百里曰同總名爲縣縣玄也首也從系倒首與縣易偏矣言當玄靜徭役也釋名又曰縣也懸於郡矣黃義仲十三州記曰縣絃也絃以貞直言下體之居鄰民之位不輕其誓施繩用法不曲如絃絃聲近縣故以取名今縣字在半也漢帝元年

令天下縣邑城張晏曰令各自築其城也

河水又東北流入西平郡界左合二川南流入河又東北濟川水注之

水西南出濫瀆東北流入大谷謂之大谷水北逕澆河城西南北流注于河

河水東又逕澆河故城北

有二城東西角倚東北去西平二百二十里宋少帝景平中拜吐谷渾河豺爲安西將軍澆城公即此城也

河水又東北逕黃川城河水又東逕石城南左合北谷水

昔段頻擊羌於石城投河墜坑而死者八百餘人

即於此也
河水又東北逕黃河城南
西北去西平二百一十七里
河水又東北逕廣違城北又合烏頭川水
水發遠川引納支津北逕城東而北流注于河
河水又東逕邯川城南
城之左右歷谷有三水導自北山南逕邯亭注于
河
河水又東臨津溪水注之
水自南山北逕臨津城西而北流注于河
河水又東逕臨津城北白土城南
十三州志曰左南津西六十里白土城城在大河
之北而爲緣河濟渡之北魏涼州刺史郭淮破羌

遮寒於白土即此處矣
河水又東左會白土川水
水出白土城西北下東南流逕白土城北又東南
注于河
河水又東北會兩川右合二水
參差夾岸連襄負嶮相望河北有層山山甚靈秀
山峯之上立石數百丈亭亭桀豎競勢爭高遠望
㠑㠑若攢圖之記霄上其下層巖峭舉壁岸無階
懸巖之中多石室焉室中若有積卷矣而世士罕
有津逮者因謂之積書巖巖堂之內每時見神人
往還矣蓋鴻衣羽裳之士練精餌食之夫耳俗人

不悟其仙者入謂之神鬼被羌目鬼日唐述復因名爲之唐述山指其堂密之居謂之唐述窟其懷道宗玄之士皮冠淨髮之徒亦往棲託焉故秦州記曰河峽崖傍有二窟一曰唐述窟高四十丈西二里有時亮窟高百丈廣二十丈深三十丈藏古書五字亮南安人也下封有水導自是山溪水南注河謂之唐述水

河水又東得野亭南

又東北流歷研川謂之研川水又東北注于河謂之野城口

河水又東歷鳳林北

鳳林山名也五巒俱峙耆諺云昔有鳳鳥飛遊五

峯故山有斯目矣秦州記曰抱罕原北名鳳林川川中則黃河東流也

河水又東與灕水合

水道源塞外羌中故地理志曰其水出西塞外東北流歷野虜中逕消銅城西又東逕河列城東考地說無目盖出自戎方矣左右列水水出西北谿東北流逕列城北又入灕水城居二水之會也灕水又北逕可石孤城西西戎之名也又東北石合黑城溪水水出西北溪下東南流逕黑城南又東南枝水左出焉又東南入灕水又東北逕榆城東榆城溪水注之水出素和細越西北山下東南流逕于細越川夷俗鄉名也又東南出狄周峽東南

右合黑城溪之枝津津水上承溪水東北逕黑城
東東北注之楡溪又東南逕楡城南東北注灕水
灕水又東北逕石門口山高嶮絶對岸若門故峽
得厥名矣疑即皐蘭山門也漢武帝元狩三年驃
騎霍去病出隴西至皐蘭應謂是山之關塞也漢
書音義曰皐蘭應在隴西曰石縣塞外河名也孟
康曰山關名也今是山去河不遠故論者疑目河
山之間矣灕水又東北皐蘭山水自山左右翼注
灕水灕水又東白石川水注之水出縣西北下東
南流枝津東注焉白石川水又南逕白石城西而
注灕水水又東逕白石縣故城南王莽更曰順礫
闞駰曰白石縣在狄道西北二百八十五里灕水

逕其北今灕人逕東南注之而不出其北也灕水
又東逕白水山北應劭曰白石山在東羅溪注之
水出西南山下東入灕水水又東左合罕幵南谿
水出罕幵西東南流逕罕幵南十三州志曰廣大
坂在抱罕西北罕幵在焉昔慕容吐谷渾自燕歷
陰山西馳而創居於此灕水又東逕抱罕縣故城
南應劭曰故罕羌侯邑也十三州志曰抱罕縣在
郡西二百一十里灕水在城南門前東過也灕水
又東北故城川水注之水有二源南源出西南山
下東北流逕金細北嶺北又東北逕一故城南又
東北與北水會北源自西南逕故城北右入南水
亂流東北注灕水灕水又東北左合白石川之枝

津水上承白石川東逕白石城北又東絕罕开溪
又東逕枹罕城南又東入灕水灕水又東北出峽
北流注于河地理志曰灕水出白石縣西塞外東
至枹罕入河

河水又逕左南城南

十三州志曰石城西一百四十里有左南城者也
津亦取名焉

大河又東逕赤岸北

即河夾岸也秦州記曰枹罕有河夾岸岸廣四十
丈義熈中乞佛於此河上作飛橋橋高五十丈三
年乃就

河水又東洮水注之

地理志曰洮水出塞外羌中沙州記曰洮水與墊江
水俱出嵹臺山山南即墊江源山東則洮水源山
海經曰白水出蜀郭景純注云從臨洮之西傾山
東南流入漢而至墊江故段國以爲墊江水也洮
水同出一山故知嵹臺西傾之異名也洮水東北
流吐谷渾中吐谷渾者始是東燕之枝庶因
氏其字以爲首類之種號也故謂之野虜自洮嵹
南北三百里中地草便是龍鬚而無樵柴洮水又
東北流逕陽曾城北沙州記曰嵹城東北三百里
有曾城城臨洮水者也建初二年羌攻南部都尉
於臨洮上遣行車騎將軍馬防與長水校尉耿恭
救之諸羌退聚洮陽即此城也洮水又東逕共和

山南城在四山中洮水又東逕迷和城北羌名也又東逕甘枳亭歷望曲在西南去龍桑二百里洮水又東逕臨洮縣故城北禹治洪水西至洮水之上見長人受黑玉書於斯水上洮水又東北流屈而逕索西城西建初二年馬防耿恭從五谿祥櫨谷出索西與羌戰破之西築索城徙隴西南部都尉居之赤水城亦曰臨洮東城也沙州記曰從東洮至西洮一百二十里者也洮水又屈而北逕龍桑城西而西北流馬防以建初二年從安故五溪出龍桑開通舊路者也俗名龍城洮水又西北逕步和亭東步和川水注之水出西山下東北流出山逕和亭北東北注洮水洮水又北出門峽歷求

厥川蕈川水注之水出桑嵐西溪東流歷桑嵐川又東逕蕈川北東入洮水洮水又北歷峽逕偏橋出夷始梁右合蕈塏川水東南石底嶺下北歷蕈塏川西北注洮水洮水又東北逕桑城東又北會藍川水水源出來歷川西北溪南流歷川東北流逕藍川歷水城城北東入洮水洮水又北逕外羌城西又北逕和博城東城在山內左合和博川川水出城西南山下東北逕和博城南東北注于洮水洮水北逕安故縣故城西地理志曰隴西之屬縣也十三州志曰縣在郡南四十七里蓋延轉擊狄道安故五谿及羌大破之即此也洮水又北逕降狄道故城西闞駰曰今曰武始也洮水在城西

東北丁又北墊水注之即山海經所謂濫水也水出烏鼠山西北高城嶺西逕底其山岸崩落者聲聞數百里故揚雄稱響若坻穨是也又西北歷白石山下地理志曰降狄道東有白石山濫水又西北逕武階城南又西北逕降狄道故城東百官表白縣有蠻夷謂之道有公主謂之邑應劭曰反舌左衽不與華同須有譯言乃通也漢隴西郡治秦昭王二十八年置應劭曰有隴坻在其東故曰隴西也神仙傳曰封君達隴西人服鍊水銀年百歲視之如年三十許騎青牛故號青牛道士王莽更郡縣之名郡曰厭戎縣曰操虜也昔馬援爲隴西太守六年爲狄道開渠引水種秔稻而郡中樂業即此水也濫水又西北流逕注于洮水洮水右合二水左會大夏川水水出西山二源合舍而亂流逕金柳城南十三州志曰大夏縣西有故金柳城去縣四十里本尉治又東北逕大夏縣故城南地理志曰王莽之順夏晉書地道記曰縣有禹廟禹所出也又東北出山注于洮水洮水又北翼帶三水亂流北入河地理志曰洮水北至抱罕東入河是也

又東過金城允吾縣北

金城郡治也漢昭帝始元五年置王莽之西海也莽又更允吾爲循遠縣河水逕其南不在其北南有湟水出塞外東逕西王母石室石釜西海鹽池

北故闞駰曰其西即湟水之源也地理志曰湟水所出也湟水又東南流逕龍夷城故西零之地也十三州志曰城在臨羌新縣西三百一十里王莽納西零之獻以爲西海郡治此城湟河又東南逕卑禾羌海北有鹽池闞駰曰縣西有卑禾羌海者也世謂之青海東去西平二百五十里湟水東流逕湟中城北故小月氏之地也十三州志曰西平張掖之間大月氏之別小月氏之國范曄後漢書曰湟中月氏胡者其王爲匈奴所殺餘種分散西踰葱嶺其弱者南入山從羌居止故受小月氏之名也後漢西羌傳曰羌無弋爰劍者秦厲公時以奴隸亾入三河羌爲神推爲豪河湟之間多禽獸

以射獵爲事遂見敬信依者甚衆其曾孫忍因留湟中爲湟中羌也湟水又東右控四水道源四溪東北流注于湟湟水又東逕赤城北而東入經戎峽山右合羌水出西南山下逕護羌城東故護羌校尉治又東北逕臨羌城西東北流于湟湟水又東逕臨羌縣故城北漢武帝元狩元年以封孫都爲侯國王莽之監羌也謂之綏戎城非也湟水又東盧溪水注之水出西南盧川東北流注于湟水湟水又東逕臨羌新縣故城南闞駰曰臨羌新縣在郡西百八十里湟水逕城南也城有東西門西北隅有子城湟水又東石合溜溪伏溜石杜蠡四川東北流注之左會臨羌溪水水發新縣西北東

南流歷縣北東南入湟水湟水又東龍駒川水注
之水又出西南山下東北流逕龍駒城北流注于
湟水湟水又東長寧川水注之水出松山東南流
逕晉昌川晉昌川水注之長寧水又東南養女川
水注之水發養女北山有二源皆長湍遠發南總
一川逕養女山謂之養女川闞駰曰長寧亭北有
養女嶺卽浩亹之西平之北山也亂流出峽南逕
長寧亭東城有東西門東北隅有金城西平西北
四十里十三州志曰六十里遠矣長寧水又東南
與一水合水出西山東南流水出南山上有風伯
祠春秋祭之其水東南逕長寧亭南東入長寧水
長寧水又東南流注于湟水湟水又東牛心川水

注之水出南南遠山東北流逕牛心惟東又北逕
西平亭西東北入湟水湟水又逕西平城北東城
卽故亭也漢景帝六年封隴西太守北地公孫渾
邪爲侯國魏黃初中立西平郡憑倚故亭增築南
西北三城以爲郡治湟水又東逕土樓南樓北倚
山原峯高三百尺又若削成樓下有神祠彫墻故
壁存焉闞駰曰西平亭北有土樓神祠者也今在
亭東北五里右則五泉注之泉發西平亭北鴈次
相綴東北流至土樓南北入湟水湟水又東右合
葱谷水水有四原各出一溪亂流注于湟水又東
逕東亭北東出漆峽山峽也東流右則漆谷常溪
注之左則甘夷川水入焉湟水又東安夷川水注

之水發遠山西北逕控衆川北屈逕安夷城北西東入湟水湟水又東逕安夷縣故城有東西門西平亭東七十里闞駰曰四十里湟水又東左合宜春水水出東北宜春溪西南流至于安夷南入湟水湟水又東勒且溪水注之水出縣東南勒且溪北流逕安夷城東而北入湟水湟水有勒且之名疑即此號也闞駰曰金城河初與浩亹河合又與勒且河合者也湟水又東左合承流谷水南入右會逹扶東西二溪水叅差北注亂流東出六山名也東流期頓雞谷二水北流注之吐那孤長門兩川南流入湟水湟水又東逕樂都城南東流又合來谷乞斤流二水左會陽非流溪細谷三水東逕

破羌縣故城南應劭曰漢宣帝神爵二年置城省南門十三州志曰湟水河在南門前東過六谷水自南破羌川自北左右翼注湟水又東南逕小晉興城北故都尉治闞駰曰允吾縣西四十里有小晉興城也湟水又東與閤門河即浩亹河也出西北塞外東入塞逕敦煌酒泉張掖南東南逕西平之鮮谷塞尉故城南又東南與湛水合水有二源西水出白嶺下東源發于白岸谷合爲一川東南流至霧山注閤門河閤門河又東逕養女北山東南左合南流川水出北山南流入于閤門河河又東逕浩亹縣故城南王莽改曰興武矣闞駰曰浩讀閤也故亦曰閤門水西兼其稱矣又東流注于

湟水故地理志曰浩亹水東至允吾入湟水又東逕允吾縣北爲鄭伯津與澗水合水出縣北合居縣西北塞外南流逕其縣故城西漢武帝元鼎二年置王莽之平虜也又南逕永登亭西歷黑石谷南流注鄭伯津湟水又東逕允街縣故城南漢宣帝神爵二年置王莽之脩遠亭也縣有龍泉出允街谷泉眼之中水文成蛟龍或試撓破之尋平成龍畜生將飲者皆畏避而走謂之龍泉下入湟水湟水又東逕枝陽縣逆水注之水出允吾縣之參街谷東南流逕街亭城南又東南逕陽非亭北又東南逕廣武城西故廣武都尉治郭淮破叛羌故無載於此處也城之西南二十許里水西有馬蹄

谷漢武帝聞大宛有天馬遣李廣利伐之始得此馬有角爲奇故漢賦天馬之歌曰天馬來兮歷無草逕千里兮巡東道胡馬感北風之思遂頓羈絶絆驤首而馳晨發京城食至敦煌北塞外鳴而去因名其處曰候馬亭今晉昌郡南及廣武馬蹄谷般石上馬迹若踐泥中有自然之形故其俗號曰天馬徑夷人在邊效刻是有大小之迹體狀不同視之便別逆水又東逕枝陽縣故城南東南入于湟水地理志曰逆水允吾東至枝陽入湟河又東流注于金城河即積石之黃河也闞駰曰河至金城縣謂之金城河隨地爲名也釋氏西域記曰牢蘭海東伏流龍沙堆在屯皇東南四百里河步于

鮮卑山東流至金城爲大河出崑崙崑崙即阿耨達山也

河水又東逕石城南

謂之石城津闞駰曰在金城西北矣河水又東南逕金城縣故北應劭曰初築城得金故曰金城也漢書集注薛瓚云金者取其堅固也故墨子有金城湯池之言矣王莽之金屏也世本曰鯀作城風俗通曰城盛也從土成聲管子曰内爲之城外爲之郭郭外之土間池高則溝之命之曰金城十三州志曰大河在金城北門東流有梁泉注之出縣之南山按耆舊言梁暉字始娥漢大將軍梁冀後冀誅入羌後其祖父爲羌所推爲渠帥而居北城

土荒民亂暉將移居枹罕出頓此山爲羣羌圍迫無水暉以所執榆鞭豎地以青羊祈山神泉湧出榆木成林其水自縣北流注于河也

又東過榆中縣北

昔蒙恬爲秦北逐戎人開榆中之地按地理志曰金城郡之屬縣也故徐廣史記音義曰榆中在金城即阮嗣宗勸進文所謂榆中以南者也

又東過天水北界

苑川水出勇士縣之子城南山東北流歷此城州世謂之子城川又北逕牧師苑故漢牧苑之地也羌豪迭吾等萬餘人到襄武首陽平襄勇士至抄此苑焉焚燒亭驛即此處也又曰苑川水地爲龍

馬之沃土故馬援請與田戶中分以自給也有東西二苑城相去七里西城即乞佛所都也又北入于河也

又北過武威媼圍縣東北

河水逕其界東北流縣西南有泉源東逕其縣南又東北入河也

又東北過天水勇士縣北

地理志曰蒲福也屬國都尉治王莽更名之曰紀德水出縣山世謂之二十八渡水東北流溪澗縈曲途出其中逕二十八渡行者勤於遡涉故因名焉北逕其縣而下注河又有赤蓽川水南出赤蒿谷北流逕赤蓽川又北逕牛官川又北逕義城西北北流歷三城川而北流注于河也

又東北過安定北界麥田山河水東北流逕安定祖厲縣故城西北

漢武帝元鼎五年幸雍遂踰隴登空同西臨祖厲河而還即於此也王莽更名之曰鄉禮也李斐曰音賴又東北祖厲川水注之水出祖厲南山北流逕祖厲縣而西北流注于河水

河水又東北逕麥田城西又北與麥田泉水合

水出城西北西南流注于河

河水又東北逕麥田山西

在安定西北六百四十里

河水又東北逕于黑城北又東北高平川水注之

即若水也水出高平大隴山若[illegible]谷建武八年世祖征隗囂漢從高平第一若水谷入即是谷也東北流逕高平縣故城東漢武帝元鼎三年安定郡治也王莽更名其縣曰鋪睦西十里有獨阜阜上有故臺臺側有風伯壇故世俗呼此阜爲風堆其水又北龍泉水注之水出縣東北七里龍泉東北流注高平川川水又北出秦城長城在縣北一十五里又西北流逕東西二太婁故城門北合一水水有五源咸出隴山西東水發源縣西南二十六里湫淵淵在四山中湫水北流西北出長城北與次水會水出縣西南四十里長城西山中北流逕魏行宮故殿東又北次水注之出縣西南四十里

山中北流逕行宮故殿西又北合次水水出縣西南四十八里東北流又與次水合水出縣西南六十里酸陽山東北流左會右水總爲一川東逕西婁北東注若水段熲爲護羌校尉於安定高平若水討先零斬首八千級於是水之上若水又北與石門水合水有五源東水導源高平縣西八十里西北流次水注之水出縣西百二十里如州泉東北流右入東水亂流左會三川參差相得東北同爲一川混濤歷峽峽即隴山之北垂也謂之石門口水曰石門水在縣西北八十餘里石門之水又東北注高平川川水又北自延水注之西出自延溪東流歷峽謂之自延口縣之西北一百里又東

北逕延城南東入高平川川水又北逕廉城東按
地理志曰北地有廉縣闞駰言在富平北自昔
匈奴侵漢新秦之土率爲狄塲故城舊壁盡從故
自地理淪移不可復識當是世人誤證也川水又
北若水注之水發縣東北百里山流注高平高平
又北逕三水縣西肥水注之水出高平縣西北二
百里牽條山西東北流與若勃溪水合有二源總
歸一瀆東北流入肥肥水又東北流違泉水注焉
泉流所發導於若勃溪東東北流入肥肥水又東
北出峽注于高平川水東有山山東有三水縣故
城本屬國都尉治王莽之廣延亭也西南去定郡
三百四十里侍郎張奐爲安定屬國都尉治此羌

有獻金馬者奐召主簿張祁入於羌前以酒酹地
曰使馬如羊不以入廐使金如粟不以入懷盡還
不受威化大行縣東有溫泉溫泉東有鹽池故地
理志曰縣有鹽官今於城之東北有故城城北有
三泉疑即縣之鹽官也高平川水又北入于河

河水又東北逕眴卷縣故城西

地理志曰河水別出爲河溝東至富平北入河河
水於此有上河之名也

水經卷第二

水經卷第三

漢桑欽撰　　後魏酈道元注

河水三

河水又北過北地富平縣西

河側有兩山相對水其間即上河峽世謂之爲青山河水歷峽北注枝分東出

河又北逕富平縣故城西

秦置北地都治縣城王莽名郡爲威戎縣曰特武建武中曹鳳字仲理爲北地太守政化尤異黃龍應於九里谷高岡亭角長三丈大十圍稍至十餘丈天子嘉之賜帛百匹加秩中二千石

河水又北薄骨律鎮城

城在河渚上赫連果城也桑果餘林仍列洲上但語出戎方不究城名訪諸耆舊咸言故老宿彥言赫連之世有駿馬死此取馬色以爲邑號故曰城爲白口騮韻之謬遂仍今稱所未詳也

河水又逕典農城東

世謂之胡城又北逕上河城東世謂之漢城薛瓚曰上河在西河富平縣即此也馮參爲上河典農都尉所治也

河水又北逕典農城東

俗名之爲呂城皆參所屯以事農

河水又東北逕廉縣故城東

王莽之西河亭地理志曰卑移山在西北

河水又與北枝津

水受大河東北逕富平城所在分裂以溉田圃北流入河今無水爾雅曰灘反入言河決復入者也河之有灘若漢之有潛也

河水又東北逕渾懷鄣西

地理志曰渾懷都尉治塞外者也太和初三齊平徙歷下民居此遂有歷地之名矣南去北城三百里

河水又東北歷石崖山西

去北城五百里山石之上自然有文盡若戰馬之狀粲然成著類以圖焉故亦謂之畫石山也

又北過朔方臨戎縣西

河水東北逕三封縣故城東漢武帝元狩三年置十三州志曰在臨戎縣西一百四十里

河水又北逕臨戎縣故城西

漢元年立舊朔方郡治王莽之所謂推武也

河水又北有枝渠東出謂之銅口東逕沃野故城南

漢武帝元狩三年立王莽之綏武也枝渠東注以溉田所謂智通在我矣

河水又北屈而爲南河出焉河水又北迆西溢於窳渾縣故城東

漢武帝元朔二年開朔方郡治又有西部都尉治有道自縣西北出雞鹿塞王莽更郡曰溝搜縣曰極武其木積而爲屠曰澤澤東西一百二十里故

地理志曰屠申澤在縣東即是澤也闞駰謂之渾澤矣屈從縣北流

河水又屈而東流爲北河東逕高闕南

史記趙武靈王旣襲胡服自代並陰山下至高闕爲塞山下有長城長城之際連山刺天其山中斷兩岸雙闕善能雲舉望若闕焉節狀表目故有高闕之名也自闕北出荒中闕口有城跨山結局謂之高闕戍上古迄今常置重捍以防塞道漢元朔四年衛青將十萬人敗右賢王於高闕即此處也

河水又東逕臨河縣故城北漢武帝元朔三年封代恭王子劉賢爲侯國王莽之監河也漢武帝元朔二年大將軍衛青絕梓嶺梁北河是也至河目

縣西

河水自臨河縣東逕陽山南

漢書注曰陽山在河北指此山也東流逕石跡阜西是阜破石之文悉有鹿馬之跡故斯阜納稱焉南屈逕河目縣在北假地名也自高闕以東夾山帶河陽山以去皆北假也史記曰秦使蒙恬將十萬人北擊胡度河取高闕據陽山北假中是也北河又南合南河上承西河東逕臨戎縣故城北又東逕臨河縣南又東逕廣牧縣故城北又東部都尉治王莽之鹽官也逕流二百許里東會于河

河水又南逕馬陰山西

漢書音義曰陽山在河北陰山在河南謂是山也

而即實不在河南史記音義曰五原安陽縣北有馬陰山今山在縣北言陰山在河南又傳疑之非也余按南河北河及安陽縣以南悉沙阜耳無他異山故廣志曰朔方郡北移沙七所而無山以擬之是議誌之僻也陰山在河東南則可矣

河水又東南逕朔方縣故城東北

詩所謂城彼朔方也漢元朔二年大將軍衛青取河南地爲朔方郡使校尉蘇建築朔方城即此城也王莽以爲武符者也按地理志云今連青澤鹽澤並在縣南矣又按魏土地記曰縣有大鹽池其鹽大而青白名曰青鹽又名戎鹽入藥分漢置典官鹽池去平地宮千二百里在新秦之中服虔曰

新秦地名在北方千里如淳曰長安已北朔方以南也薛瓚曰秦逐匈奴收河南地徙民以實之謂新秦也屈南過五原西安陽縣南

河水自朔方東轉逕渠搜縣故城北

地理志曰朔方有渠搜縣中部都尉治王莽之溝搜亭也禮三朔記曰北發渠搜南撫交阯此與北對南禹貢之所云析支渠搜矣河水又逕西安縣故城王莽更之曰鄣安矣河水東逕田辟城南地理志曰故西部都尉治也屈東過九原縣南

河水又東逕成宜縣故城南

王莽更曰艾虜也

河水又東逕原亭城南

闞駰十三州志曰中部都尉治

河水又東逕宜梁縣之故城南

闞駰曰五原西南六十里今世謂之石崖城

河水又東逕副陽城南

東部都尉治逕河陰縣故城北又東逕九原縣故城南秦始皇置九原郡治此漢武帝元朔二年更名五原也王莽之獲降郡城平縣矣西北接對一城蓋五原縣之故城也王莽塡河亭也竹書紀年魏襄王十七年邯鄲命吏大夫奴遷于九原又命將軍大夫適子伐吏皆貂服矣其城南面長河北背連山秦始皇逐匈奴並河以東屬之陰山築亭鄣爲河上塞徐廣史記音義曰陶山在五原北即此山也始皇二十四年起自臨洮東暨遼海西並陰山築長城及南越地晝警夜作民勞怨苦故楊泉物理論曰秦始皇使蒙恬築長城死者相屬民歌曰生男愼勿舉生女哺用餔不見長城下尸骸相支柱其寃痛如此矣蒙恬臨死曰夫起臨洮屬遼東城塹萬餘里不能不絕地脉此固當死也

又東過臨沃縣南

王莽之振武也

河水又東枝津出焉河水又東流石門水南注之水出石門山地理志曰北出石門鄣即此山也西北趣光禄城甘露三年呼韓邪單于還詔遣長樂衛尉高昌侯董忠車騎都尉韓昌等將萬六千騎

送單于居幕南保光祿徐自爲所築城也故城得其名矣城東北即懷朔鎮城也其水自障東南流逕臨沃城東東南注于河

河水又東逕固陽縣故城南

王莽之固陰也地理志曰自縣北出石門鄣河水決其西南隅又東南枝津注焉水上承大河於臨沃縣東流七十里北溉田南北二十里注于河

河水又東逕塞泉城南而東注又東過雲中楨陵縣南又東過沙南縣北從縣東屈南過沙陵縣西

大河東逕咸陽縣故城南王莽之貴武也

河水屈而流白渠水注之

水出塞外西逕定襄武進縣故城北西部都尉治

王莽更曰伐蠻世祖建武中封趙慮爲侯國也白渠水西北逕成樂固北郡國志曰樂固屬定襄也魏土地記曰雲中城東八十里有成樂城今雲中郡治一名石盧城也白渠水又西逕魏雲中宮南魏土地記曰雲中宮在雲中故城東四十里白渠又西南逕雲中故城南故趙地虞氏記云趙侯自五源河曲築長城東至陰山又於河西造大城一箱崩不就乃改卜陰山河曲而禱焉晝見群鵠遊于雲中徘徊經日見大光在其下武侯曰此爲我乎乃即于其處築城今雲中城是也秦始皇十三年立雲中郡縣曰遠服矣白渠水又西北於沙陵縣故城南王莽之希恩縣也其水西注沙陵湖又

有芒湖水塞外南逕鍾山山即陰山故即中侯應言於漢曰陰山東西千餘里單于之苑囿也自孝武出師攘之於漢北匈奴失陰山過之未嘗不哭謂此山也其水西南逕武臯縣王莽之永武也又南逕原陽縣故城西又西南與武泉水合其水東出武泉縣之故城西南縣即王莽之所謂順泉者也水南流又西屈逕北輿縣故城南按地理志曰五原有南輿縣王莽之南刑也故此加北舊中部都尉十三州志曰廣陵有輿故加北疑太踈遠也其水又西南入芒干水西南逕白道南谷口有城在右策帶長城背山面澤謂之白道南谷口有城自城北出有高坂謂之白道嶺沿路唯土穴出泉

挹之不窮余每讀琴操見琴慎相和雅歌録云飲馬長城窟及其坂陟斯途遠懷古事始知信矣非虛言也顧瞻在右山樹之上有垣若頹基焉沿谿亘嶺東西無極疑趙武靈王之所築也芒干水又南西逕雲中城北白道中溪水注之水發源武川北塞中其水南流逕武川鎮城以景明中築以禦北狄矣其水西南流歷谷逕魏帝行宮東世謂之阿計頭殿宮城在白道嶺北阜上其城員角而不方四門列觀城内唯臺殿而已其水又西南歷中谿出山西南流於雲中城北於雲中城北南注芒于水芒干又西塞水出懷朔鎮東北芒中南流逕廣德殿西山下余以太和十八年從高祖北巡屆

於陰山之講武臺臺之東有高祖講武碑碑文是中書郎高聰之辭也自臺西出南上山山無樹木唯童阜耳即廣德殿所在也其殿四柱兩厦堂宇綺共圖畫奇禽異獸之象殿之西北便得焜煌堂雕楹鏤桷取狀古之溫室也其時帝幸龍荒遊鸞朔北南秦王仇池楊難當捨蕃委誠重譯拜闕陛見之所也故殿以廣德爲名魏太平眞君三年刻石樹碑勤宣時事碑頌云肅清帝道振攝四荒有蠻有戎自彼氐羌無思不服重譯稽顙恂恂南秦歛歛椎忠峨峨廣德奕奕焜煌侍中司徒東郡公崔浩之辭也碑陰題宣成公李孝伯尚書盧遐等從臣姓名若新鏤焉其水歷谷南出陰山西南入芒干水芒干水又西南注沙陵湖湖水西南入于河

河水南入楨陵縣西北

緣胡山歷沙南縣東北兩山二縣之間而出余以太和中爲尚書郎從高祖北巡親所逕涉縣在山南王莽之楨陵也北去雲中城一百二十里縣南六十許里有東西大山山西枕河河水南流脉水尋經殊乖川去之次似非關究也

又南過赤城東又南過定襄桐過縣西

定襄郡漢高六年置王莽之得降也桐過縣王莽更名椅桐者也

河水於二縣之間濟有君子之名

昔漢桓帝十三年西幸榆中東行代地洛陽大賈齎金貨隨帝後行夜迷失道往投津長曰子封送之渡河賈人卒死津長埋之其子尋求父喪發冢舉尸資費一無所損其子悉以金與之津長不受事聞於帝曰君子也即名其津爲君子濟濟在雲中城西南二百餘里

河水又東南左合一水

水出契吳東山西逕故里南而北俗謂之契吳亭其水又西流注于河

河水又南樹頹水注之

水出東山西南流右合中陵川水水出中陵縣南山下北俗謂之大浴其山水亦取名焉東北流

逕中陵縣故城東北俗謂之北右突城王莽之遮害也十三州志曰善無縣南七十五里有中陵縣世祖建武二十五年置其水又西北右合一水水出東山北俗謂之貸敢山水又受名焉其山自西北流注于中陵水又西北流逕善無縣故城西王莽之陰館也十三州志曰舊定襄郡治地理志鴈門郡治其水又西北流又會一水水出東山下北俗謂之吐文水山又取名焉北流逕鋤亭南西流土壁亭南西出峽左入中陵水水又北分爲一水一水東北流謂之流水又東逕沃陽縣坎城南北俗謂之可不埿城王莽之敬陽也又東北逕沃陽城東又東合可不埿水出東南六十里山下西北

流注沃水又會東逕參合縣南魏因參合陘以即名也北俗謂之倉鶴陘道出其中亦謂之參合口徑在縣之西北即燕書所謂太子寶自河還師參合三軍奔潰即是處也魏立縣以隸涼城郡也西去沃陽縣故城二十里縣北十里有都尉城地理志曰沃陽縣西部都尉治者也北俗謂之阿養城其水又東合一水水出縣東南六十里山下北俗謂之災豆渾水西北流注于沃水又東北流注鹽池地理志曰鹽澤在東北者也今鹽池西南去沃陽故城六十五里池水瀦渟淵而不流東西三十里南北二十里池北七里即涼城郡治池西有舊城俗謂之涼城也郡取名焉地理志曰澤有丞長

此城即長丞所治也城西三里有小阜阜下有泉東南流注池北俗謂之大谷此佳水亦受目焉中陵川水自枝津西北流右合一水於連嶺北出沃陽縣東北山下北俗名之烏伏真山水曰誥升袁河西南流逕沃陽縣左合中陵川亂流西南與一水合北俗謂之樹頹水水出東山下西南流右合誥升袁水亂流西南注分為二水左水枝分南出北俗謂之太河羅右水西逕故城南北俗名之昆新城其水自城西南流注于河

河水又南太羅水注之

水源上承樹頹河南流西轉逕武縣故城南十三州志曰武縣在善無西百五十里北俗謂之太羅

城水亦藉稱焉其水西南流右水注之水導故城西北五十里南流逕城西北名之曰故槃迴城又南流注太羅河太羅河又西南流注于河

河水又左得湳水口

水出西河郡美稷縣東南流東觀記曰郭伋細侯爲幷州牧前在州素有恩德老小相攜道路行部到西河美稷數百小兒各騎竹馬迎拜伋問兒曹何自遠來曰聞使君到喜故迎伋謝而發去諸兒復送郭外問使君何日還伋計日告之及還先期一日念小兒即止野亭須期至乃往其水又東南流羌人因水以氏之漢冲帝時羌湳狐奴歸化蓋其渠帥也其水俗亦謂之爲遄波水東南流入長

城東鹹水出長城西鹹谷東入湳水又東南渾波水出西北窮谷東南流注于湳水湳水又東逕西河富昌縣故城南王莽之富成也湳水又東流入于湳水左合一水出善無縣故城西南八十里其水西流歷于呂梁之山而爲呂梁洪其巖層岫衍澗曲崖深巨石崇竦壁立千仞河流激盪濤湧雲襄雷渀洩震天動地曰呂梁未闢河出孟門之上蓋大禹所闢以通河也司馬彪曰呂梁在離石縣西今於縣西歷山尋河乃無過峘至是乃爲河之巨嶮即古梁矣在離石北而以東可二百有餘里也

又南過西河圁（音銀）陽縣東

西河郡漢武帝元朔四年置王莽改曰歸新圁水出上郡白土縣圁谷東逕其縣南地理志曰圁水出西東入河王莽更曰黃土也東至長城與神銜水合水出縣南銜山峽山東出至長城入于圁圁水又東逕鴻門縣縣故鴻門亭地理風俗記曰圁陰縣西五十里有鴻門亭天封苑火井廟火從地中出圁水又東梁水注之水出西北梁谷東南流注圁水又東逕圁陰縣北漢惠帝五年立王莽改曰方陰矣又東桑谷水注之水出西北桑溪東北桑溪東北流入于圁圁水又東逕圁陰南東流注于河

河水又東端水入焉

水西出號山山海經曰其山木多陘椶其草多芎藭是多冷石端水出焉而東流注于河

河水又南諸次之水入焉

水出上郡諸次上山海經曰諸次之山諸次水出是山多木無草鳥獸莫居是多衆蛇其水東逕榆林塞世又謂之榆林山即漢書所謂榆溪舊塞者也自溪西去悉榆柳之藪矣緣歷沙陵屆龜茲縣西出故謂廣長榆也王恢云樹榆爲塞謂此矣蘇林以爲榆中在上郡非也按始皇本紀西北逐匈奴自榆中並河以東屬之陰山然榆中在金城東五十許里陰山在朔方東以此推之不得在上郡漢書音義蘇林爲是矣也其水東入長城小榆林

水合焉歷澗西北窮谷其源也又東合首積水西出首積溪溪東注諸次水又東入于河山海經曰諸次之水東流注于河即此水也

河水又南陽水注之

山海經曰水出上申之山上無草木而多硌石下多榛楛湯水出焉東流注于河也

又南離石縣西奢延水注之

水西出奢延縣西南赤沙阜東北流山海經曰所謂生水出孟山者也郭景純曰孟或作明漢破羌將軍段熲破羌於奢延澤虜走洛川洛川在南俗因縣土謂之奢延水又謂之朔水矣東北流逕其縣故城南王莽之奢節也赫連龍昇七年於是水

之北黑水之南遣將作大匠梁公叱干阿利改築大成名曰統萬城蒸土加功雉堞雖久崇墉若新并造五兵器銳精利乃咸百鍊爲龍雀大鐶號曰大夏龍雀銘其背曰古之利器吳楚湛盧大夏龍雀名冠神都可以懷遠可以柔逋如風靡草威服九區世甚珍之又鑄銅爲大鼓及飛廉翁仲銅駞龍虎皆以黃金飾之列於宮殿之前則今夏州治也奢延水又東北與溫泉合源西北出沙溪而東南流注奢延水奢延水又東黑水入出奢延縣黑澗東南歷沙陵注奢延水奢延水又東合交蘭水出龜茲交蘭谷東南流注奢延水奢延水又東北流與鏡波水合水源出南邪山南谷東北流注于

奢延水奢延水又東逕膚施縣帝原水西北出龜茲縣東南流縣因茲降胡著稱又東南注奢延水又逕膚施縣南秦昭王三年置上郡治漢高祖并三秦復以爲郡王莽以漢馬員爲增山連率歸世祖以爲上郡太守司馬彪曰增山者上郡之別名也東入五龍山地理志曰縣有五龍山也帝原水自下亦爲通稱也歷長城東出于赤翟白翟之中又有年水出西北平溪東南入奢延水又東走馬水注之水止西南長城北陽周縣故城南橋山昔二世賜蒙恬死於此王莽更名上陵山上有黃帝冢故也帝崩唯弓劒存焉故世稱黃帝仙矣其水東流昔段熲追羌出橋門至走馬水閒遂在奢延

澤即北處也門即橋山之長城門也始皇令太子扶蘇與蒙恬築長城起自臨洮至于碣石即是城也其水東北流入長城又東北注奢延水又東與白羊水合其水出于西南白羊溪迴溪東北注于奢延奢延水又東入于河山海經曰生水東流注于河

河水又南陵水注之

水出陵川北溪南逕其川西轉入河

河水又南得離石水口

離石北山南流逕離石縣故城西史記云秦昭王代趙取離石者也漢武帝元朔三年封代共王子劉歸爲侯國後漢西河郡治也其水又南出西轉

逕隰城縣故城南漢武帝元朔三年封代恭王子劉忠爲侯國王莽之茲平亭也胡俗語訛尚有千城之稱其水西流注于河也

又南過中陽縣西

中南縣故城在東東翼汾水隔越重山不濵于河也

又南過土軍縣西

吐京郡治故城即土軍縣之故城也胡漢譯言皆訛僞變矣其城負長而不方漢高帝十一年以封武侯宣義爲侯國縣有龍泉出城東南道左山下牧馬川上多産名駒駿同滇池元河其水西北流至其城東南土軍水出道左高山西南注之龍泉

水又北屈逕其城東西北入于河

河水又南合契水

傍溪東入窮谷其源也又南至禄谷水口水源東窮此溪也

河水又南得大蛇水

發源溪首西流入河

河水又右納辱水

山海經曰辱水出于烏其山上多桑其下多楮陰多鉄陽多玉其水東流注于河俗謂之秀延水東流得浣水口傍溪西轉窮溪便即浣水之源也延水又東會于根水西南溪下根水所發而東北注延水東南露跳水西出露溪東流又東北入延水

亂流注于河河水又南左合信支水水發源東露
西流入于河河水又南左會石羊水巡溪東入道
源窮谷西流注入河
又南過上郡高奴縣東
域谷水東啓荒源西歷長溪西南入于河水又南
合溪口水出孔山南歷溪西流注于河孔山之上
有穴如車輪三所東西相當相去各二丈許南北
直通故謂之孔山也山在蒲城西南三十餘里河
水又右會區水山海經曰次四經之首曰陰山西
北百七十里曰申山其上多穀柞其下多杻橿多
金五區水出焉而東流注于河世謂之清水上郡
東流入于長城逕老人山下又東北流至老人谷

傍水北出極溪便得水源清水又東得龍尾水水
水出北地神泉鄣北山龍尾溪東北流注清水又
東會三湖水水出南山三湖谷東北流入清水清
水又東逕高奴縣合豐林水地理志謂之洧水也
故言高奴縣有洧水肥可醮水上有肥可接取用
之博物志稱酒泉延壽縣南山出泉水大如筥注
地爲溝水有肥如肉汁取著器中始黃後黑如凝
膏然極明與膏無異膏車及水碓缸甚佳方人謂
之石漆水肥亦所在有之非止高奴縣洧水也項
羽以封董翳爲翟王居之三秦此其一也漢高祖
破以縣之王莽之利平矣民俗語訛謂之高樓城
也豐林川長津瀉注北流會洧洧水又有溪谷水

川之水西出奚川東南流入湑水又東注于河
河水又南蒲川石樓山南逕蒲城東
即重耳所奔之處也又南歷蒲子縣故城西今大
魏之汾州治徐廣晉紀稱劉淵自離石南移蒲子
者也闞駰曰蒲城在西北溪武置其水南出得黃
盧水口東出歷蒲子城南東北入谷極溪便水之
源也又南合紫川水水出東北出紫川谷西南合
江水江水出江谷西北入紫水紫水又西北入蒲
水蒲水又西南入于河河水入南黑水水出定
陽縣西山二源奇發同瀉一壑東南流逕其縣北
又東南流右合定水水俗謂之白水也水西出其縣
南山定水谷東逕定陽縣故城南應劭曰縣在定

水之陽也定水又東注于黑水亂流東南入于河

水經卷第三